LE
DROIT INTERNATIONAL
PUBLIC MARITIME

D'APRÈS LE POINT DE VUE ANGLAIS

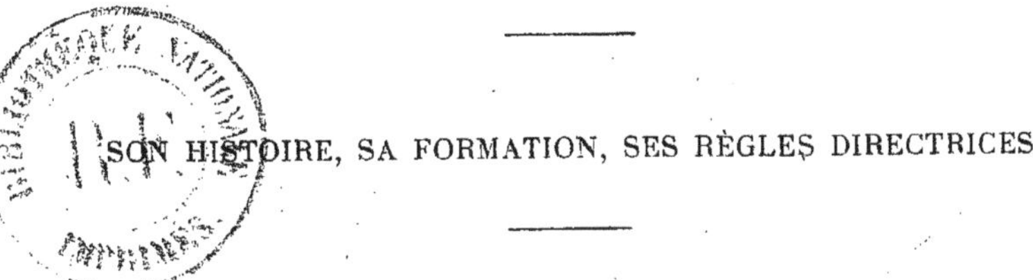

SON HISTOIRE, SA FORMATION, SES RÈGLES DIRECTRICES

PAR

R. LE BOURDELLES

SUBSTITUT DU PROCUREUR GÉNÉRAL PRÈS LA COUR DE PARIS

PARIS

A. PEDONE, ÉDITEUR

LIBRAIRE DE LA COUR D'APPEL ET DE L'ORDRE DES AVOCATS

13, Rue Soufflot, 13

1906

LE
DROIT INTERNATIONAL

PUBLIC MARITIME

D'APRÈS LE POINT DE VUE ANGLAIS

SON HISTOIRE, SA FORMATION, SES RÈGLES DIRECTRICES

PAR

R. LE BOURDELLÈS

SUBSTITUT DU PROCUREUR GÉNÉRAL PRÈS LA COUR DE PARIS

PARIS

A. PEDONE, ÉDITEUR

LIBRAIRE DE LA COUR D'APPEL ET DE L'ORDRE DES AVOCATS

13, Rue Soufflot, 13

1906

Le droit international public maritime,
considéré d'après le point de vue anglais.

Son histoire, sa formation, ses règles directrices.

SOMMAIRE

I

L'étude du droit maritime externe chez chaque peuple est très attachante et présente surtout une particularité : c'est de montrer combien les idées les plus simples et les plus justes ont du mal à faire leur chemin dans le monde et avec quelle lenteur extrême elles obéissent à la grande loi de l'évolution (1). Nous nous proposons dans la présente étude de résumer l'histoire du droit maritime externe chez le peuple anglais.

Cette histoire se trouve dispersée dans un grand nombre de travaux sur le droit international maritime. Cette branche du droit a été cultivée avec succès chez la plupart des peuples européens. Elle a produit principalement chez nous le traité de M. Hautefeuille, ancien avocat au Conseil d'État et à la cour de Cassation. Un distingué allemand, M. Gessner, dans son « *Traité du droit des neutres* » (Paris, Amyot, 1885), n'hésite pas à dire en parlant de M. Hautefeuille qu'il est « le plus éminent des publicistes contemporains ». S'il nous était permis de formuler une prudente et très légère critique à l'égard de l'ouvrage de M. Hautefeuille, nous exprimerions l'avis que l'éminent jurisconsulte est parfois un peu sévère dans ses appréciations sur l'Angleterre.

Sans doute, l'Angleterre a été, pendant des siècles, très âpre dans la défense et la revendication de ce qu'elle considérait comme ses droits, mais elle a abandonné une à une ses prétentions excessives. Pendant trente années, au cours du XIXe siècle, elle a eu comme juge des prises un magistrat d'un caractère élevé et impartial, sir Walter Scott. Du reste, l'histoire de l'Angleterre est là pour le

---

(1) La notion d'un droit public, familière aux jurisconsultes, aux philosophes et aux têtes pensantes dès la fin du XVIIIe siècle, avait encore le don d'exciter en 1814 la susceptibilité des diplomates. C'est ce que Talleyrand raconte à Louis XVIII, dans une lettre particulière, écrite à l'occasion du congrès de Vienne : « J'ai déclaré que je consentirais à l'adoption du projet, mais sous la condition qu'à l'endroit où il était dit que l'ouverture formelle du congrès serait ajournée au 1er novembre, on ajouterait : « Et sera faite conformément aux principes du droit public. » A ces mots, il s'est élevé un tumulte dont on pourrait difficilement se faire d'idée. M. de Hardenberg debout, les poings sur la table, presque menaçant et criant comme il est d'ordinaire à ceux qui sont affligés de la même infirmité que lui, proférait des paroles entrecoupées : « Non, Monsieur... le droit public ? C'est inutile, pourquoi dire que nous agissons selon le droit public, cela va sans dire. » Je lui répondis que si cela allait bien sans dire, cela irait encore mieux en le disant. M. de Humboldt criait : « Que fait ici le droit public ? » A quoi je répondis : « Il fait que vous y êtes. » (Lettre du 9 oct. 1814, *Revue des deux mondes*, t. XXIX, p. 366).

démontrer : ce peuple est très capable, quand il le juge nécessaire, ou même simplement juste, de modifier sa ligne de conduite et ses conceptions.

II

Avec leur goût pour la tradition, les Anglais continuent à citer encore, dans leurs décisions relatives au droit maritime, deux ouvrages fort anciens, qui ne sont plus considérés en France qu'au point de vue purement historique : nous voulons parler du « Consulat de la mer » et des « Rôles d'Oléron ».

Le « Consulat de la mer » renfermait les règles applicables aux pays situés sur la mer Méditerranée. Cet ouvrage, fort précieux pour l'époque, fut rédigé à Barcelone, par un auteur inconnu, vers le milieu du XIVe siècle. Il est écrit en catalan, dans une langue très pure et très claire. L'Espagne, au XIVe siècle, était du reste le pays le plus avancé de l'Europe dans la civilisation.

Ce qu'il importe de remarquer surtout, dans le « Consulat de la mer », c'est qu'il autorise la confiscation de la marchandise ennemie voyageant sous pavillon neutre.

Un auteur inconnu rédigea pour les pays baignés par l'Atlantique particulièrement pour le Nord de l'Espagne et pour l'Ouest de la France, un ouvrage analogue au « Consulat de la mer », qu'on appela les « Rôles d'Oléron ». Richard 1er, roi d'Angleterre, revenant des Croisades, s'étant arrêté à Oléron et ayant examiné ce recueil, l'admira beaucoup et ordonna qu'il serait appliqué aux mers qui baignaient ses domaines.

Les « Rôles d'Oléron » consacraient l'abolition du « *Jus naufragii* », qui a été si difficile à déraciner sur plusieurs côtes de l'Océan et de la Manche.

III

A la suite des découvertes des Espagnols et des Portugais, ces deux peuples commencèrent à élever des prétentions sur les mers qui entouraient les territoires qu'ils venaient de conquérir. Le Portugal, notamment, voulut s'arroger, à l'encontre des Pays-Bas, la domination de toutes les mers orientales. Dans le but de soutenir les droits de sa patrie, Hugo Grotius publia son célèbre ouvrage : « *Mare liberum, sive de jure quod Batavis competit ad indiana commercia disputatio* » : dans cet ouvrage, conformément du reste à la théorie des jurisconsultes romains, il affirmait le principe de la liberté des mers.

En réponse, l'anglais John Selden publia son livre intitulé « *Mare clausum* ». Ce serait une erreur de penser, — comme on l'a répété trop souvent, — que Selden réclamait pour son peuple la domination de tous les Océans. Il ne plaçait sous la domination de l'Angleterre que les mers s'étendant depuis le quarante-troisième degré de latitude nord jusqu'au pôle. Mais la prétention de Selden, même réduite dans ces limites, était déjà colossale, puisqu'elle plaçait sous la dépendance britannique les mers baignant les côtes de l'Allemagne, de la Hollande, de la France et de l'Espagne, et en même temps les mers-intérieures, comme la Manche et la mer du Nord.

Suivant le procédé de l'époque, Selden, pour justifier son système, fouillait les documents poudreux. Il faisait remarquer que les patentes délivrées aux amiraux anglais les qualifiaient toujours d'amiraux de Normandie et de Guyenne, de Calais et de Boulogne, bien que ces provinces et ces deux villes eussent depuis longtemps fait retour à la France ; l'Angleterre voulait bien marquer par là qu'elle avait abandonné les provinces et les villes, mais non la mer qui les entourait : « *Admirallus noster Angliæ, Hiberniæ, Walliæ, Calesiæ et Boloniæ et marchiarum nostrarum earumdem, Normaniæ, Gasconiæ et Aquitaniæ, nec non præfectus generalis classium et marium nostrorum* » ; ainsi s'exprimaient les patentes dans une langue peu cicéronienne, mais très compréhensive.

Il faut avouer que Selden, en recourant à de semblables arguments, condamnait lui-même son système (1).

L'acte de navigation de Cromwell, qui réservait aux seuls vaisseaux anglais le commerce entre la Grande-Bretagne et les colonies, donna une vive impulsion à la marine britannique.

Cet acte fut aboli en 1849, grâce aux efforts de Robert Peel, abolition sans danger pour l'Angleterre, il faut l'avouer, puisque l'acte de navigation appliqué pendant deux siècles, avait produit tous ses effets : la suprématie de la marine de commerce anglaise était assurée.

IV

Le principe essentiel du droit public international que le pavillon neutre couvre la marchandise transportée, fut très difficile à

---

(1) L'histoire semble parfois un recommencement. Qui croirait qu'au début du XXe siècle les pangermanistes rêvent de ressusciter pour la Baltique la théorie du « *Mare clausum* ». Si le Danemark adhérait à cette idée, on pourrait

établir en Europe. Détail curieux : c'est la Sublime Porte qui, la première, s'engagea à respecter la marchandise ennemie voyageant sur un navire neutre. Cet engagement est consigné dans un traité conclu en 1604 entre la France et la Turquie. Il a un caractère unilatéral de la part de la Porte, qui fait à notre pays diverses concessions et lui accorde certains privilèges (Flassan, *Histoire de la Diplomatie française*, t. II, p. 226).

L'Angleterre suivit longtemps la doctrine du « Consulat de la mer », que nous avons indiquée ci-dessus.

Le premier acte officiel anglais qui prononce la confiscation de la marchandise ennemie sur un navire neutre est un traité conclu en 1406 entre le roi d'Angleterre et le duc de Bretagne. Le même principe apparaît dans un traité entre Édouard III d'Angleterre et François, duc de Bretagne (Voir encore les traités de 1661, 1666, 1670 entre l'Angleterre et la Suède, 1670 entre l'Angleterre et le Danemark).

Mais, en 1713, le traité d'Utrecht vient terminer la guerre de la succession d'Espagne et les quatre grandes puissances maritimes de l'époque, l'Angleterre, la France, la Hollande et l'Espagne expriment alors, dans des instruments diplomatiques, des règles véritablement équitables et progressives en matière de droit maritime. La Prusse et la république de Venise adhérèrent également à ce traité.

Tout d'abord, le traité d'Utrecht (11 avril 1713), consacre le principe de la liberté du commerce, en reconnaissant que le pavillon neutre couvre la marchandise transportée.

Le traité précise en quoi consistera le droit de visite. Le capitaine sera obligé de montrer ses papiers : « Et il sera libre au vaisseau « qui les aura montrés de poursuivre sa route, sans qu'il soit permis « de le visiter ni de le molester en aucune façon. » Ainsi, les recherches personnelles et les fouilles à bord, si humiliantes pour celui qui en est l'objet, se trouvent prohibées (1).

Principe immense comme conséquences : car, en cas de guerre, la visite est un droit pour les belligérants dûment commissionnés, mais cette visite doit être exercée avec réserve et courtoisie.

---

craindre que l'Allemagne ne voulût un jour étendre cette règle à la partie de la mer du nord avoisinant ses côtes. Espérons que la diplomatie allemande ne suivra pas les pangermanistes dans cette voie.

(1) Le traité des Pyrénées entre la France et l'Espagne du 16 novembre 1659 avait déjà réglementé le droit de visite. Aux termes de son article 17, les navires de guerre d'un pays ne s'approcheront des bâtiments marchands de l'autre pays qu'à la distance d'une portée de canon et ils pourront envoyer une chaloupe ou un canot au bâtiment marchand et faire pénétrer dans un bâtiment deux ou trois hommes seulement, à qui le maître ou patron représenteront les passeports, lesquels feront foi entière, ainsi que les papiers de bord.

(Voir encore, convention du 17 fév. 1668 entre la France et l'Espagne, du 23 mai 1667 entre l'Angleterre et l'Espagne).

S'il existe pourtant des soupçons très graves de fraude, on ne saurait trop conseiller aux officiers de marine de suivre la procédure, aussi minutieuse que sage, tracée par la convention des 5/17 juin 1801 entre la Grande-Bretagne et la Russie, article IV : si vieux qu'il soit, cet instrument diplomatique est toujours bon à consulter.

Dans son article 19, le traité d'Utrecht donne une définition soigneusement rédigée des objets considérés comme constituant de la contrebande de guerre : d'une manière générale, ce sont les armes et instruments de guerre servant à l'usage des troupes. Au contraire, le traité ne fait pas figurer dans la contrebande l'or et l'argent, monnayés ou non, les vivres de toute espèce, les munitions navales, telles que : « cotons, chanvres, lins, poix, cordages, voiles, ancres, mâts, « planches, poutres et bois travaillé de toute espèce d'arbre et qui « peut servir à construire des vaisseaux et à les radouber » (Art. 4).

En somme, ce traité peut encore aujourd'hui être consulté avec fruit, car il se distingue par sa précision et son esprit libéral.

Mais il est triste de constater que le traité d'Utrech, dans un instrument spécial concernant la Grande-Bretagne et l'Espagne, reconnaissait à l'Angleterre le monopole de la traite pour une durée de trente années. En échange de ce privilège, le gouvernement britannique s'engageait à nommer des agents chargés d'introduire dans les colonies espagnoles d'Amérique 144.000 nègres, au prix de 33 1/3 pesos fortes par tête importée.

V

On ne trouve, ni dans l'histoire du droit romain, ni dans celle du droit international public au moyen-âge, de document relatif au droit de blocus : c'est qu'en effet, les difficultés relatives au blocus ne naquirent qu'à l'époque où les armes à feu furent très perfectionnées : alors, de véritables citadelles flottantes vinrent s'installer en face des ports, interdisant le passage aux neutres, grâce à leurs puissants moyens d'action.

Ce fut un édit des Etats-généraux de Hollande du 26 juin 1630, qui donna pour la première fois une base sérieuse au droit de blocus : aux termes de cet édit, le blocus devait être réel. Ce principe fut adopté par la plupart des juriconsultes du droit international et formellement consacré dans plusieurs traités de l'époque. Mais l'Angleterre refusa formellement d'admettre cette théorie, en se basant sur sa situation insulaire : « La position insulaire de la Grande Bretagne, « disait le juge des prises James Marriot, lui permet de fermer tous

« les ports d'Espagne et de France ; nous avons le droit de profiter
« de la position dont la Providence nous a fait don » (Martens, *Euro-
päischen Volkerrechts*, t. II, p. 35).

Durant la guerre contre la France, en 1756, l'Angleterre déclara
bloqués tous les ports de France. Elle interdit aux neutres tout commerce avec les colonies françaises et défendit même le simple cabo-
tage entre les ports français, effectué par des navires neutres : c'est
ce qu'on a appelé la règle de 1756.

La guerre maritime entre les deux nations fut âpre, ardente. Elle
contrasta complètement avec la guerre sur terre : c'était l'époque où
les belligérants échangeaient des politesses avant l'engagement,
comme à Fontenoy ; c'est ce qu'on a appelé si justement le temps de
« la guerre en dentelles. »

Les prétentions excessives de l'Angleterre soulevèrent les protesta-
tions des neutres. En 1780, au cours de la guerre de l'Indépendance
des Etats-Unis, l'Angleterre cherchait des alliances. Elle s'était con-
cilié la bienveillance du prince Potemkin, favori de l'impératrice
Catherine II. Mais Potemkin fut écarté du pouvoir par son rival, le
chancelier de l'Empire Panin ; celui-ci fit entrer la souveraine dans
ses vues et la Russie prit elle-même l'initiative de la première neutralité armée.

Aux termes de l'entente conclue entre la Russie, la Suède et le
Danemark, il fut posé en principe que les marchandises des belligérants, voyageant sur un navire neutre, devaient être considérées
comme libres, à l'exception, bien entendu, de la contrebande de
guerre.

VI

Avant d'entrer dans l'exposé de l'histoire du droit international maritime anglais, à l'époque de la Révolution, il est nécessaire
que nous fassions connaître une importante différence qui exista sur
le système des prises, pendant de très longues années, entre la
France et l'Angleterre.

En France, aux termes de l'ordonnance sur la marine de 1681,
quand un vaisseau ennemi était saisi au cours d'une guerre maritime, cette saisie entrainait celle de la marchandise neutre.

Cette disposition si rigoureuse, contraire au « Consulat de la mer »,
n'était pas appliquée parfois par nos tribunaux d'amirauté. Un arrêt
du Conseil du 26 octobre 1692 rappela les juges à l'exacte observation
de l'ordonnance de 1681, suivant sa forme ou teneur, sans aucune
distinction, modification ou restriction. Ce fut seulement sous Louis XV,

en 1744, qu'un autre règlement intervint, qui remit en vigueur le principe du « Consulat de la mer ».

Quant à l'Angleterre, elle était toujours restée fidèle à ce vieux code maritime : en cas de prise, la marchandise neutre, considérée comme innocente, était restituée.

VII

En 1793, une terrible guerre éclatait entre la France et l'Angleterre.

L'Angleterre avait considéré qu'elle devait s'engager à fond contre la France, car elle pensait que notre pays voulait propager par la force les idées révolutionnaires dans toute l'Europe. Appréciation bien fausse ! Il est, en effet, démontré aujourd'hui, notamment par les beaux travaux de M. Albert Sorel, que la Convention poursuivait simplement la réalisation du grand rêve de Richelieu : la reprise par la France des limites de l'ancienne Gaule, de la rive du Rhin (ce rêve se trouve réalisé en 1795, lors de la paix de Bâle).

Les jurisconsultes et les historiens anglais ne méconnaissent pas que leur pays, entraîné par l'ardeur excessive de la lutte, abandonna les principes les plus élevés et les plus équitables du droit international maritime. C'est ce qu'ils appellent « la loi de nécessité ».

La guerre créa, en effet, une situation grave pour l'Angleterre. Tout d'abord, du seul fait de la déclaration de guerre, le traité d'Utrecht de 1713, confirmé par le traité de Paris de 1783, en ce qu'il consacrait le principe que le pavillon couvre la marchandise, se trouvait annulé, et on conçoit les conséquences de cette annulation pour une nation aussi commerçante que l'Angleterre.

La France séquestra les créances actives et les propriétés appartenant aux Anglais sur son territoire. Le gouvernement anglais prit une semblable décision à l'égard des Français.

L'Angleterre fit entrer dans une coalition contre la France, la Prusse, l'Autriche, l'Espagne et la Russie.

Ces puissances posèrent en règle que les vaisseaux neutres ne devaient introduire chez nous ni munitions de guerre, ni provisions de bouche. Aux termes des instructions données par l'Angleterre aux commandants de ses équipages, le 8 juin 1793, tout navire qui cherchait à entrer dans les ports français bloqués devait être capturé et condamné.

L'Angleterre opposait à la France une marine de premier ordre admirablement commandée. La situation pour nous était loin d'être aussi favorable. Nous n'avions plus, comme sous Louis XV, des administrateurs éminents, tels que Sartine, ou des grands hommes de mer tels que le bailli de Suffren, Lamothe-Picquet, d'Estaing; beaucoup d'officiers nobles ou officiers « bleus » avaient rejoint les rangs de l'émigration. Il fallut suppléer à cet état de choses par ce qui dominait à cette époque, dans les armées de mer comme dans les armées de terre, l'ivresse patriotique républicaine. Pour concourir avec la flotte nationale, des expéditions hardies de corsaires s'équipèrent à Dunkerque et à Saint-Malo.

Afin de prendre les Anglais entre deux feux, l'ambassadeur de la République aux États-Unis, le citoyen Genet, imagina d'organiser des entreprises de corsaires dans les ports des États-Unis. La conduite de Genet fut sévèrement blâmée, le 30 juillet 1793, par le ministre des affaires étrangères; cette conduite était, en effet, dangereuse et entièrement contraire aux principes du droit international, les États-Unis étant neutres dans le conflit; mais les vaisseaux équipés par Genet n'en avaient pas moins infligé aux Anglais des pertes sérieuses (1).

Au cours de cette guerre, l'Angleterre éleva surtout des prétentions à l'égard des navires convoyés. Jusqu'en 1799, elle les laissait passer sans encombre, mais, au mois de décembre 1799, des navires de commerce danois, chargés de marchandises, se rendaient dans la Méditerranée, passant près de Gibraltar, convoyés par le vaisseau de guerre *Hofornen*, capitaine Dockum. L'amiral anglais Keit étant survenu, voulut visiter le convoi; Dockum résista et il s'en fallut de peu qu'on en vint aux mains. A la suite d'une plainte de l'amiral Keit, le gouvernement anglais signifia au Danemark une note diplomatique contenant l'énoncé de ses prétentions, tendant à l'exercice du droit de visite.

En présence de cette situation, le Danemark et la Suède, grands

---

(1) Consulter, sur ce curieux incident de la guerre navale de 1793, entre la France et l'Angleterre, la correspondance du citoyen Genet avec le ministère des affaires étrangères (archives du ministère).

Lettre du 16 avril 1793 : « Les corsaires que l'on arme ici (à Charleston), et dont l'un est déjà en mer, se nomment : le *Républicain*, le *Sans-Culotte*, l'*Anti-George* et le *Patriote-Genet* ».

Lettre du 18 mai 1793 ; « Notre frégate (l'*Embuscade*) et nos corsaires font tous les jours de nouvelles prises, les vaisseaux marchands de nos ennemis n'osent pas sortir des ports américains. Un nombre considérable de leurs matelots se trouvent condamnés à l'inaction ».

Lettre du 31 mai 1793 : « Le corsaire le *Sans-Culotte*, que j'ai fait armer à Charleston, a pris huit gros vaisseaux anglais ».

Lettre du 19 juin 1793 : « L'*Embuscade* et nos corsaires, dont le nombre est augmenté du *Vainqueur de la Bastille*, de la *Petite-Démocrate* et du *Vieux-Whig*, désolent le commerce de nos ennemis ».

routiers des mers, — au fond de tous les « fjords » il y a une pépinière de marins et une réserve de navires, — renouvelèrent leur
alliance. La Russie vint se joindre à eux, le 4 décembre 1800, puis la
Prusse le 18 décembre de la même année. Cette seconde neutralité
armée reproduisit les principes de la première, en y ajoutant particulièrement l'immunité des navires neutres convoyés par un navire de
guerre.

L'Angleterre, persévérant dans ses prétentions, n'hésite pas à les
affirmer par la force. Le 2 avril 1801, sa flotte apparaissait inopinément et sans déclaration de guerre devant Copenhague : la ville était
bombardée et la flotte danoise etait détruite.

Le bombardement de Copenhague eût un immense retentissement.
Il démontrait que l'Angleterre n'entendait pas voir dans la Baltique
une mer fermée, ainsi que l'avaient proclamé les traités de neutralité
armée de 1780 et de 1800 et le traité de 1794 entre le Danemark et la
Suède.

On a dit quelquefois, de nos jours, qu'en Angleterre c'était « la
rue » qui gouvernait, pour peindre l'immense influence, l'énorme
poussée qu'exerce l'opinion publique. C'était déjà vrai en 1801. Un
pamphlet, dû à un écrivain du nom de Stephen, intitulé « La guerre
déguisée », dirigé contre la libre navigation, publié au commencement de 1801 et répandu à des milliers d'exemplaires, avait surexcité
la population anglaise. Canning, toujours à la recherche des coups
d'éclat, suivit l'opinion déchaînée.

Canning, pour justifier son acte, soutint dans la suite que des avis
sûrs lui avaient fait connaitre l'existence d'un accord secret entre les
deux empereurs réunis à Tilsitt, en vertu duquel le Danemark devait
être occupé par les troupes françaises (1).

Au fond, les explications de Canning sont embarrassées et ni
Macaulay ni lord Brougham, dans son ouvrage intitulé « *Political
and historical principles* » (London, 1856) n'ont songé à justifier dans
l'espèce le gouvernement britannique.

La seconde neutralité armée entre la Suède, le Danemark et la
Russie n'eut qu'une durée assez courte. Après l'expédition de Copenhague, l'Angleterre se calma ; elle se rapprocha de la Russie vers le
milieu de l'année 1801, de la Suède à la fin de la même année et du
Danemark en mars 1802.

---

(1) Sur l'étroit radeau, placé au milieu du Niemen, où se réunirent Napoléon
et Alexandre, il y avait un espion anglais. C'était un officier, nommé Wilson,
qui était parvenu à se faire admettre dans les Cosaques de la garde. Il écoutait de son mieux, à la porte de la tente, mais comprit-il bien ? Wilson devint
dans la suite général dans l'armée anglaise. Consulter son livre : « *Narrative
« of Events during the invasion of Russia by N. Bonaparte and the retract of
« French army.* — BY GENERAL SIR ROBERT WILSON. — London, Murray, 1860 ».

VIII

Des évènements plus graves encore se produisirent en 1806, sous le ministère de Fox. L'Angleterre notifia le blocus des côtes, depuis Brest jusqu'à l'embouchure de l'Elbe. C'était un véritable blocus sur le papier, car la Grande-Bretagne était dans l'impossibilité de faire surveiller régulièrement par ses vaisseaux une pareille étendue de littoral. On conçoit les colères que ce blocus suscita.

Napoléon répondit à l'Angleterre par le décret de Berlin du 21 novembre 1806, qui établissait le blocus continental. L'empereur déclarait que toutes les côtes de l'Angleterre devaient être considérées comme bloquées, que toute marchandise provenant de source anglaise serait confisquée, qu'aucun navire venant d'Angleterre ou de ses colonies ne serait reçu dans un port français : « Il nous a coûté, « disait Napoléon, de revenir, après tant d'années de civilisation, aux « principes qui caractérisent la barbarie des premiers âges des na- « tions ; mais nous avons été contraints à opposer à l'ennemi commun « les mêmes armes dont il se servait contre nous ». (Message au Sénat, en lui envoyant le décret). — L'histoire démontre que l'Empereur, en écrivant ces lignes, était sincère ; il était profondément impressionné. Plus tard, il disait à Sainte-Hélène : « Je soupçonnais « qu'il n'y aurait plus de repos pour moi, et que ma vie se passerait à « combattre des résistances ».

A son tour, l'Angleterre décide, par deux ordres en conseil des 7 janvier 1807 et 11 novembre 1807 : « que tous les ports de France ou « de ses alliés, ou de tout autre pays qui était en guerre avec l'An- « gleterre, ou qui avait exclu de ses relations internationales le dra- « peau anglais, sont déclarés en état de blocus, que tout commerce « avec lesdits Etats est illégal, et que les vaisseaux chargés dans ou « pour un port desdits pays doivent être saisis et de bonne prise. »

Napoléon publia alors le décret de Milan (décembre 1807), aux termes duquel « tout vaisseau allant ou venant d'Angleterre ou de ses colonies, ou d'un pays occupé par des troupes anglaises, était déclaré de bonne prise ».

On conçoit que la situation était presque intolérable pour les neutres au milieu de cet ardent conflit.

Au cours du blocus continental, l'Angleterre agit contre l'Amérique, en saisissant tous les marins anglais embarqués sur des navires américains. Les États-Unis protestèrent, en faisant remarquer que de semblables mesures portaient la plus grave atteinte à la navigation nationale ; ils réclamèrent en même temps l'application de la maxime : « Vaisseaux libres, cargaisons libres ».

Ces propositions furent rejetées par la Grande-Bretagne. Aussi le Congrès des États-Unis rendit-il un acte, à la date du 27 février 1811, aux termes duquel le commerce anglais devait être exclu des États-Unis, tant que l'Angleterre n'aurait pas révoqué ses décrets. Elle ne céda point. Les États-Unis lui déclarèrent la guerre, qui ne se termina qu'au traité de Gand (décembre 1814) (1).

Le système de blocus continental prit fin également en 1814, à la chute de Napoléon. Les prévisions de celui-ci avaient été bien trompées. En 1814, un publiciste anglais, Colquehoun, faisait paraître une sorte d'historique du blocus, dans un ouvrage intitulé : « *Richesse de l'Angleterre* », avec tableaux annexes et s'exprimait ainsi : « Ces tableaux seront parcourus avec orgueil et étonnement par tout sujet anglais. Ils se réjouiront de découvrir que les efforts d'un ennemi puissant et implacable, pour vaincre et détruire les ressources du pays, ont, en éveillant l'énergie du peuple anglais, élevé ce peuple à une hauteur de puissance et de prospérité bien supérieure à celle de toute autre nation quelconque dans le monde ».

Napoléon a toujours soutenu qu'il avait organisé le blocus continental, sous l'empire de la nécessité et qu'il était, au fond, partisan du principe de la liberté des mers. M. Cauchy, dans son savant ouvrage sur le *Droit maritime international*, t. II, p. 361, rapporte une curieuse lettre écrite à ce sujet, sous la dictée de l'Empereur, par le comte de Champagny, à M. Armstrong, ministre des États-Unis :

« Les mers n'appartiennent à aucune nation ; elles sont le bien commun des peuples et le domaine de tous. Les bâtiments de commerce ennemis appartenant à des particuliers doivent être respectés. Les individus qui ne combattent pas ne devraient pas être prisonniers de guerre. Dans toutes ses conquêtes, la France a respecté les propriétés particulières. Les magasins et les boutiques sont restés à leurs propriétaires ; ils ont pu disposer de leurs marchandises, et,

______

(1) Alfred de Vigny a décrit, d'une manière saisissante, l'effort énorme que l'Angleterre avait dû imposer à ses équipages maritimes, durant la période de 1793 à 1814. Voici comment il peint la situation de lord Collingwood, un amiral, dans « *Servitude et grandeur militaire* » :

« Quelquefois il sentait sa santé s'affaiblir, il demandait grâce à l'Angleterre, mais l'inexorable lui répondait : « Restez en mer », et lui envoyait une dignité ou une médaille d'or par chaque belle action ; sa poitrine en était surchargée. Il écrivait encore : « Depuis que j'ai quitté mon pays, je n'ai pas passé un seul jour dans un port, mes yeux s'affaiblissent ; quand je pourrai voir mes enfants, la mer m'aura rendu aveugle. Je gémis de ce que sur tant d'officiers il est si difficile de me trouver un remplaçant supérieur en habileté ». L'Angleterre répondait : « Vous resterez en mer, toujours en mer ». Et il resta jusqu'à sa mort ».

dans ce moment, des convois de voitures, chargées principalement de coton, traversent les armées françaises, l'Autriche et l'Allemagne, pour se rendre où le commerce les envoie. Si la France avait adopté les usages de la guerre de terre, toutes les marchandises du continent de l'Europe eussent été accumulées en France et seraient devenues la source d'une immense richesse » (Consulter encore sur cette question : « *Mémoires de Napoléon* », t. III, c. VI, p. 301).

Remarquons que, durant la longue période de guerres maritimes, qui s'est écoulée de 1793 à 1814, l'Angleterre, pour la saisie des vaisseaux, avait toujours distingué entre la déclaration de guerre virtuelle et la déclaration de guerre effective : pour parler d'une manière plus explicite, les juges des prises anglais décidaient que, même avant la déclaration de guerre officielle, on pouvait considérer les vaisseaux de l'ennemi comme de bonne prise, si, en fait, l'état de guerre existait déjà. Il est probable que l'Angleterre, en cas de nouvelle guerre maritime, appliquerait encore la même doctrine (1).

IX

En 1815, lors de la réunion du Congrès de Vienne, l'Angleterre prit l'initiative d'appeler l'attention des puissances sur la question de la traite des nègres. Quelques années auparavant, en effet, la tribune anglaise avait retenti des accents éloquents de Wilberforce, qui avait flétri l'esclavage (1). L'appel de l'Angleterre fut entendu et une déclaration du 8 février 1815, signée par la Grande-Bretagne, la France, le Portugal, l'Espagne, la Russie, la Prusse et la Suède, exprima : « Le désir sincère de concourir à la prompte et efficace exécution des mesures tendant à abolir la traite, sans préjudice des

---

(1) Les Romains, qui sont supérieurs sur ce point aux peuples modernes, n'auraient jamais commencé une guerre, sans l'envoi solennel d'un « fécial ».

On a vu récemment les Japonais attaquer la flotte russe à Chemulpo, avant la déclaration officielle de la guerre.

De même, en 1866, dans la guerre entre l'Autriche et la Prusse, Bismark fit attaquer les Autrichiens en Bohême, avant que la déclaration officielle eut été envoyée à Vienne.

(1) William Wilberforce, né en 1759, mort en 1833, entra au Parlement anglais en 1784. En 1787, il fit sa première motion en faveur de l'abolition de la traite des noirs et ne cessa de poursuivre, durant une longue carrière parlementaire, l'adoption de cette importante mesure. Il était doué d'une haute et persuasive éloquence. Il est enterré à Westminster.

Il faut rattacher au souvenir de Wilberforce celui de Las Casas, le courageux défenseur des Indiens, et du dominicain espagnol, Soto. Voir son traité : « *Libri decem de justitia et jure, Lugduni, 1582* ».

moyens que chaque puissance signataire pourrait considérer comme les plus convenables pour l'abolition définitive de ce commerce ».

En Portugal, Sà da Bandeira, dont l'humanité ne doit pas non plus oublier la mémoire, poursuivit à la tribune portugaise une courageuse campagne contre l'esclavage. Un décret du 10 décembre 1836 prohiba l'exportation des esclaves de toutes les colonies portugaises.

L'Angleterre a passé une quantité de conventions avec les puissances étrangères, dans le but de réprimer la traite des noirs. Nous citerons particulièrement la convention du 22 janvier 1815 entre l'Angleterre et le Portugal ; celles de 1817 et de 1836 entre l'Angleterre et l'Espagne, des 4 mai 1818 et 31 décembre 1823 entre l'Angleterre et la Hollande, du 6 novembre 1824 entre l'Angleterre et la Suède, des 30 novembre 1831 et 22 mars 1833 entre l'Angleterre et la France.

Des précautions spéciales et restrictives avaient été prises dans ces deux dernières conventions, quant au mode de la visite et au nombre restreint des navires visiteurs. L'Angleterre tenait vivement à obtenir un traité plus souple et plus large. En 1841, en présence des bons rapports qu'elle entretenait avec le gouvernement français, elle jugea le moment favorable pour reprendre les négociations. Au commencement de l'année 1842, on apprenait que la Grande-Bretagne, la France, la Russie, l'Autriche et la Prusse, avaient signé à Londres, le 20 décembre 1841, une convention dans laquelle ces grandes Puissances se reconnaissaient un droit de visite réciproque sur les navires de l'une ou de l'autre. On n'attendait plus que la ratification du roi.

L'opposition parlementaire, très ardente alors contre le ministère Guizot, attaqua vigoureusement la convention au sein de la Chambre des députés. On entendit successivement contre le projet M. Thiers, M. Billault, l'éloquent député de Nantes, le procureur général Dupin, enfin le célèbre manœuvrier maritime, l'amiral Lalande. Celui-ci s'exprima ainsi : « Nous vivons dans la conviction que la mer n'appar-
« tient à personne exclusivement, que toutes les nations ont un droit
« égal et illimité d'en user. Lorsque les traités de 1831 et de 1833
« parurent, nous les trouvâmes exhorbitants..... Ces mesures nous
« causaient ce malaise que produit un mauvais moyen employé à
« bonne fin.... Ce ne serait pas nous, disions nous alors, nous qui
« avons besoin de tant d'air et de liberté, qui blâmerions les moyens
« employés pour anéantir l'esclavage, si ces moyens ne portaient en
« même temps atteinte à la liberté des mers et, il faut le dire, à notre
« considération nationale, car c'est la France qui, la première, a écrit
« sur son drapeau des mers : « Liberté des mers », et cette liberté,
« elle l'a voulue pour tous et en tous temps. »

L'opposition triompha. La ratification du roi dut être ajournée.

Les traités de 1831 et de 1833 furent remplacés par le traité du 29 mars 1845, qui ne soulevèrent pas les mêmes colères. Ses dispositions étaient, du reste, bien anodines à notre égard, quant au droit de visite, qui était remplacé plutôt par une enquête de pavillon. Le capitaine de vaisseau Ortolan, dans son précieux ouvrage sur la *Diplomatie de la mer*, a reproduit les instructions adressées par le gouvernement anglais aux capitaines de ses navires de guerre, à la suite du traité de 1845 ; elles sont d'une frappante modération :

« Vous ne devez ni capturer, ni visiter les navires français, ni exer
« cer à leur égard aucune intervention, et vous donnerez aux offi
« ciers sous votre commandement l'ordre formel de s'en abstenir... »

Si, cependant, le commandant anglais suppose que le navire soupçonné a arboré frauduleusement le pavillon français, que doit-il faire ?

« Cet officier mettra, si le temps le permet, le cap sur le navire
« soupçonné, après lui avoir fait connaître son intention en le hélant :
« il détachera une chaloupe vers ce bâtiment pour s'assurer de sa
« nationalité, sans le forcer à s'arrêter, dans le cas où il appartien
« drait réellement à la nation dont il arbore les couleurs, et ne serait
« pas, par conséquent, susceptible d'être visité. Mais si la force du
« vent ou toute autre circonstance rendait ce mode d'examen impra
« ticable, il engagera le vaisseau soupçonné à amener, afin de pou
« voir vérifier sa nationalalité. Il sera même autorisé à l'y contrain
« dre en cas de besoin, sans jamais oublier qu'il ne doit recourir à
« ces moyens coercitifs qu'après avoir épuisé tous les autres. »

En exécution de cette convention de 1845, une surveillance fut organisée depuis le cap Vert jusqu'au 16e degré 30 minutes de latitude méridionale, par la Grande-Bretagne et la France. Chacune des deux puissances l'exerça par vingt-six croiseurs, tant à voile qu'à vapeur. Il y eut là une précieuse école pratique pour les marins des deux pays.

En 1837, l'Angleterre paya 500 millions aux propriétaires d'esclaves pour le rachat définitif de ceux-ci. La France paya, en 1848, cent vingt-six millions pour le même objet.

Malgré tant de surveillance sur les mers, malgré tant d'efforts et d'argent dépensé, la plaie hideuse de l'esclavage se perpétua jusquà la guerre de sécession aux États-Unis.

Avant cette guerre, on estimait à quatre-vingt-dix environ le nombre des bâtiments employés au service de la traite entre l'île de Cuba et l'Afrique ; quarante mille esclaves étaient débarqués chaque année dans les ports de l'île ; on estimait, en 1857, les profits des sociétés de traite à 1400 pour 100 dans une seule année.

X

Un important épisode se produisit en 1849, qui semblait faire présager la rivalité maritime actuelle de l'Allemagne et de l'Angleterre.

En 1848, sous l'ardente impulsion du prince Adalbert de Prusse, la Confédération germanique entreprit de créer une marine, qui prit pour emblème les trois couleurs du Saint-Empire romain germanique : noir, or et rouge. Le 4 juin 1849, un capitaine de ¡vaisseau allemand, Bromé, croisait avec trois navires de guerre en face d'Heligolaud. Ayant aperçu une corvette danoise, la *Walkyrie*, il dirigea sur elle ses unités de combat et engagea l'action : la Confédération germanique et le Danemark étaient alors en guerre. Soudain, la forteresse d'Heligolaud, occupée à cette époque par l'Angleterre, lui intima l'ordre de cesser le feu. Bromé regagna la côte allemande et là, il apprit que la Grande-Bretagne avait signifié au Sénat de Brème que le pavillon noir, or et rouge étant inconnu, « tous les vaisseaux qui l'arboreraient s'exposeraient à être traités en pirates ». L'Allemagne se soumit à cette injonction, si inattendue qu'elle fût. En 1852, la flotte de la Confédération fut supprimée et les vaisseaux (on a peine à le croire, quoique cela soit rigoureusement exact) furent adjugés au plus offrant sous le marteau d'un commissaire-priseur.

Le prince Adalbert ne fut pas pourtant découragé. La Prusse reprit seule l'idée de la constitution d'une flotte.

XI.

Nous voici parvenus à la grande guerre d'Orient de 1854.

Elle se termine en 1856 par le traité du 30 mars, signé entre la Russie, l'Angleterre, la France, la Turquie et la Sardaigne.

A la suite de ce traité, les puissances précitées, désirant solutionner définitivement les questions les plus graves et les plus controversées du droit international maritime, signent une convention à la date du 16 avril 1856. Voyons quelles en sont les principales conséquences.

Plus de doute désormais pour la propriété neutre chargée sur bâtiment ennemi. Le navire neutre protégera tout ce qu'il porte, excepté la contrebande de guerre : « Navire libre, marchandises libres » ; autrement dit : « Free schip, free goods ».

Ce principe n'est pas avantageux pour la Grande-Bretagne qui, avec son énorme marine de guerre, peut exercer si facilement des prises sur les marchandises de l'ennemi. Le 22 mai 1856, lord Colchester, à la Chambre des communes, tenta de provoquer un vote de blâme contre cette disposition, mais sa proposition fut repoussée par 156 voix contre 102.

La déclaration du 16 avril 1856 a fait triompher un autre principe, très favorable à l'Angleterre, défavorable au contraire pour nous, car nos corsaires et nos corps francs ont toujours été profondément redoutés de l'ennemi : c'est la suppression de la course : « C'est nous, « disait lord Palmerston, qui avons le plus gagné à ce changement, « par suite duquel, pendant toute cette guerre, nos relations com- « merciales n'ont pas souffert et j'ai la confiance que nous aurons « fait faire un grand pas à l'humanité, si nous parvenons à faire « abolir la pratique d'armer en course et de délivrer des lettres de « marque » (Chambre des communes, 6 mai 1856, rapporté par M. Hautefeuille).

La convention de Paris de 1856 consacre deux autres principes : sur un navire ennemi, la propriété du neutre ne sera pas saisissable, à l'exception de la contrebande de guerre ; — les blocus, pour être obligatoires, devront être effectifs, c'est-à-dire, maintenus par une force suffisante pour interdire réellement l'accès du littoral de l'ennemi.

Le gouvernement des Etats-Unis voulait qu'on allât encore plus loin. Le 28 juillet 1856, dans une note rédigée par M. Marcy, il proposa que la capture des navires de commerce fût complètement interdite. C'eût été le triomphe, dans les luttes maritimes, du principe unanimement admis aujourd'hui, — en théorie du moins, — dans la guerre sur terre : le respect de la propriété privée. Cette proposition n'eut pas de succès auprès des gouvernements européens.

Cependant, il y avait à cette époque un tel mouvement, — on est tenté de dire idyllique, — en faveur de l'amélioration du droit maritime international, que les chambres de commerce des villes hanséatiques émirent des vœux favorables à la liberté absolue des mers pour les navires marchands.

Ce mouvement gagna les chambres de commerce des principales villes anglaises. Lord Palmerston lui fit une vigoureuse opposition. Le 17 mars 1862, il s'exprimait ainsi à la chambre de commerce : « Si nous abandonnons le principe que toute nation maritime a le « droit de saisir les vaisseaux marchands de l'ennemi, nous portons « un coup fatal à notre suprématie navale, nous commettons un acte « de suicide politique ».

La question est restée abandonnée ; il y a peu de chances qu'elle soit soulevée à nouveau. La guerre franco-allemande de 1870-71 n'a pas été seulement un évènement historique pour les deux pays, elle a été un évènement européen, mondial même. Ce n'est pas « une immense espérance qui a traversé la terre », pour employer l'expression du poète, mais un coup de vent immense balayant devant lui une multitude de jugements et de conceptions politiques, militaires ou autres. Elle a démontré que la guerre n'était plus, comme dans le passé, une lutte entre deux armées, mais qu'elle mettait en face l'une de l'autre deux nations, avec toutes leurs forces, toutes leurs énergies. Comment renoncer dans ce cas aux résultats que peut produire la guerre de course ? En 1870, une petite corvette allemande, « l'Augusta », vint croiser sur nos côtes de l'Ouest ; elle ne fit qu'une prise, une seule, mais nous n'en fûmes pas moins très inquiets ; deux de nos cuirassés se mirent à sa poursuite ; « l'Augusta » se réfugia dans la baie de Vigo ; les deux cuirassés furent immobilisés, jusqu'à la fin de la guerre, pour l'empêcher de sortir.

XII

La guerre de l'abolition de l'esclavage aux Etats-Unis, en 1862, donna lieu à des incidents intéressants au point de vue du droit maritime international.

L'Angleterre se trouva dans une situation aussi particulière qu'inattendue : elle, qui avait dépensé un milliard pour l'abolition de l'esclavage, fut soupçonnée de sympathie pour les Etats du Sud. En effet, par suite de la guerre, le coton n'arriva plus dans ses ports : Manchester se remplit de figures haves, les usines réduisirent le travail ou se fermèrent même et on évaluait la diminution des salaires, dans le tissage, à douze millions par mois.

Le navire « Nashville », de la marine des Etats du Sud, entra à Southampton après avoir détruit en mer un navire des états du Nord. On s'en étonna à Washington. L'Angleterre répondit avec raison qu'elle ne violait pas les règles internationales : l'Etat neutre est tenu seulement à ne permettre aucune hostilité dans les limites de sa juridiction et à ne recevoir aucune prise.

L'incident du « Trent » est resté le plus célèbre.

Le « Trent », navire postal anglais, faisait la traversée d'Amérique en Angleterre. Il avait à son bord deux envoyés des États du Sud en Angleterre, MM. Mason et Slidell. Le capitaine Wilkes, commandant le « San Jacinto », de la marine des États du Nord, informé de cette circonstance, arrêta le « Trent », le visita et s'empara de la personne de MM. Mason et Slidell.

L'émotion fut grande à Londres. Le gouvernement anglais protesta. Les Américains du Nord manifestèrent l'intention de n'accorder aucune satisfaction ; des démonstations populaires se déroulèrent sur la voie publique à Washington et à New-York. Partout en Europe on crut à la guerre. Mais, la « rue », qui le croirait ? — a moins d'influence aux États-Unis qu'en Angleterre ; Lincoln était là, du reste ; l'ancien bûcheron, devenu chef de gouvernement, égalait en prudence, en sagesse, les plus vieux diplomates. Notre ministre des affaires étrangères, M. Thouvenel, appuya une solution pacifique.

Les États-Unis reconnurent que le capitaine Wilkes avait agi sans ordre, MM. Mason et Slidell furent remis en liberté ; un terrible conflit armé fut ainsi évité.

L'affaire du « Springbok » est très importante à étudier, au point de vue des questions de blocus.

D'après la doctrine française, un navire neutre qui tente d'entrer dans un port bloqué, même après la notification générale et diplomatique, ne commet pas une violation du blocus s'il n'a pas reçu des croiseurs une notification spéciale (Lettre du comte Molé, ministre des affaires étrangères, à son collègue de la marine, du 20 octobre 1838. — Ortolan, *Diplomatie de la mer*, 3ᵉ édit., t. II, p. 306).

L'Angleterre considère que la notification spéciale n'est pas nécessaire. Elle va plus loin encore : les tribunaux des prises jugent que tout navire qui fait réellement voile pour un port bloqué, dans le but de rompre le blocus, peut être saisi, y compris tout son chargement, à n'importe quelle distance il se trouve. Le navire est condamné sur ses intentions et non sur ses actes. Le regretté M. Desjardins fait, une grosse objection à ce système : les voyages maritimes sont quelquefois bien longs ; qui peut certifier que le blocus ne sera pas terminé quand le navire arrivera à destination ? (La propriété privée sous le pavillon ennemi, *Revue des Deux-Mondes*, 1883, t. V, p. 223).

La jurisprudence des États-Unis est encore plus sévère. Le 2 décembre 1862, le bateau anglais « Springbok » quitta Londres et se dirigea vers Nassau, port anglais situé dans l'île de la Providence, groupe des Bahamas. Le chargement comprenait du café, du thé et quelques articles de contrebande. Le 3 février 1863, un navire de guerre fédéral (c'est-à-dire de la marine du Nord) captura le « Springbok » à cent cinquante milles du port de Nassau. La cour suprême des États-Unis relâcha le navire, mais le chargement fut condamné : « Nous ne saurions douter, dit cette décision, que le « chargement n'ait été embarqué dans l'intention de violer le blocus ; « que les chargeurs n'aient eu le dessein de le faire transborder à « Nassau, dans quelque navire plus propre que le « Springbok » « à atteindre un port bloqué. »

Les jurisconsultes anglais, sir Atkerton, sir Roundell Palmer, sir Phillimore, protestèrent en vain contre cette décision, qui n'avait été rendue, du reste, à la cour suprême, qu'à une très faible majorité.

Terminons par un court rappel de l'incident de l'« *Alabama* », qui a donné lieu à toute une littérature juridique.

Les Sudistes avaient établi habilement en Angleterre, malgré les déclarations de neutralité officielles, des stations d'armement et d'équipement de leurs corsaires. Un des plus célèbres fut l'« *Alabama* », qui, étant sorti de l'estuaire de la Mersey le 29 juillet 1862, infligea au commerce des fédérés les plus sérieux préjudices. Cette situation se prolongea pendant près de deux ans.

Les vieux Cherbourgeois n'ont pas oublié comment un jour, — le 19 juillet 1864, — sous leurs yeux, bien qu'en dehors de la limite des eaux territoriales, un véritable duel s'engagea entre l' « *Alabama* » et le vaisseau fédéral, le « *Kerseage* » : l' « *Alabama* » fut coulé.

A la fin de la guerre, les Etats-Unis, prétendant que les autorités secondaires anglaises n'avaient pas fait leur devoir pour empêcher les actes de corsaire de l' « *Alabama* », saisirent le gouvernement anglais de nombreuses réclamations. L'Angleterre protesta vivement. De longs échanges de notes diplomatiques aigres-douces s'établirent et se prolongèrent pendant sept années. Enfin, en 1871, la Grande-Bretagne accepta l'arbitrage. Un traité d'arbitrage fut signé à Washington le 8 mai 1871. Le tribunal, composé de cinq membres, se réunit à Genève et rendit sa sentence le 14 septembre 1872. L'Angleterre fut condamnée à payer aux Etats-Unis la somme considérable de cinq cent mille dollars en or.

Dans l'article VI du traité, trois règles de droit maritime international avaient été posées. Ces règles devaient servir à guider les arbitres. Elles étaient relatives aux obligations des neutres en vue d'empêcher sur leur territoire l'armement et l'équipement des corsaires. Il n'est pas nécessaire de rappeler ici ces trois règles, qui sont, du reste, sages, modérées et raisonnables, car l'Angleterre déclarait ne les accepter qu'à regret comme base de la sentence à rendre ; on ne peut donc, à aucun titre, les lui opposer pour le règlement d'autres affaires (Consulter sur cette question : Mérignhac, *Droit public international*, 1905, t. I, p. 460, note).

XIII

La conférence de Bruxelles de 1890, relative à la traite des noirs, a donné lieu à d'intéressantes discussions et solutions de droit international maritime. Deux hommes furent les instigateurs de cette grande conférence : le cardinal Lavigerie et le roi Léopold II. Les pays qui y prirent part furent l'Allemagne, l'Autriche-Hongrie, la Belgique, le Danemark, la Grande-Bretagne, l'Etat indépendant du

Congo, les Etats-Unis, la France, l'Angleterre, l'Italie, les Pays-Bas, la Perse, le Portugal, la Russie, la Suède, et la Turquie.

Le cardinal Lavigerie et Léopold II ranimèrent aux yeux de l'Europe cette question de l'esclavage, qu'on avait oubliée malgré les ravages croissants de la traite en Afrique. A mesure que les mahométans avançaient dans le continent noir leurs conquêtes sur les populations fétichistes, les traitants, déguisés souvent en marchands d'ivoire, augmentaient leur triste commerce. Chez les riches mahométans, l'esclave n'est généralement pas malheureux, il finit par faire un peu partie de la famille, mais chez le mahométan simplement bourgeois, l'esclave est soumis à la pire des situations. En outre, les traitants, pratiquant leur métier sans être soumis à aucun contrôle, sans avoir à craindre aucune intervention de justice, détruisaient les villages sous les prétextes les plus futiles et massacraient les habitants inoffensifs : on attribuait aux traitants une perte annuelle de cinq cent mille existences.

La question fameuse et toujours brûlante du droit de visite faillit faire échouer la conférence. On finit par décider, recourant à un moyen terme :

1° Que les conventions particulières concernant la traite, conclues par l'Angleterre avec les puissances signataires autres que la France, seraient exécutées dans toutes les clauses auxquelles il n'est pas dérogé par l'acte général de 1890 ;

2ᵉ Que le droit de visite réciproque en temps de paix, ne dérivant pas de la loi commune, ne pourrait donc s'exercer que dans les limites déterminées par chaque loi conventionnelle.

Même dans le cercle tracé par la loi conventionnelle, le droit de visite est rigoureusement limité à la vérification des papiers de bord ; le commandant du croiseur ne peut, en cas de doute, pratiquer des fouilles humiliantes et doit se borner à conduire le bâtiment suspect jusqu'au port le plus proche où se touvera une autorité compétente de sa nation.

L'expérience ayant démontré que la traite s'opère aujourd'hui par des bâtiments de dimensions moyennes, dits « boutres » ou « dhows », il est stipulé que la surveillance ne s'appliquera qu'aux navires de moins de 500 tonneaux.

Enfin, l'acte de la conférence détermine nettement et dans des conditions modérées les limites dans lesquelles la surveillance sera exercée le long des côtes d'Afrique, de Madagascar, celles du golfe Persique, de la mer Rouge et de l'Océan Indien.

XIV

La guerre de 1870, qui ne fut pas seulement une grande lutte franco-allemande, mais un événement mondial, cette guerre qui a changé non seulement les armements et les systèmes de la tactique, mais qui, chose plus grave, a modifié tant de conceptions et tant d'idées, va nous permettre d'étudier, au point de vue anglais, différents problèmes de droit international maritime. Nous rattacherons à cette date célèbre beaucoup d'événements subséquents.

Dès le 24 juillet 1870, le gouvernement allemand autorisait la création de croiseurs volontaires pour renforcer sa flotte de guerre. Le gouvernement français désira connaître l'avis du gouvernement britannique sur cette organisation (Note du marquis de la Vallette au comte Granville du 20 août 1870). Ce n'est pas s'avancer beaucoup que de penser que cette note dut embarrasser le « Foreign Office ». Quoi qu'il en soit, le 24 aout 1870 le comte Granville répondit que l'organisation d'une marine volontaire ne lui paraissait pas incompatible avec les principes de la déclaration de Paris de 1856. En fait, aucun navire de commerce allemand ne demanda à entrer dans la flotte volontaire (Cons., *Revue générale de droit international public*, 1894, t. I).

Mais la question n'est pas morte. Bien que les auteurs les plus recommandables dans la doctrine, notamment M. Calvo, soient disposés à voir dans les navires de la flotte volontaire de véritables corsaires établis contrairement à la déclaration de 1856, les tendances actuelles de la pratique admettent la constitution d'une flotte de cette nature. La Russie a une nombreuse flotte volontaire qu'elle a mise en ligne au cours de la guerre contre le Japon.

La Prusse souleva une question autrement épineuse, celle du charbon. La France avait entrepris une croisière dans la mer Baltique ; pourrait-elle s'approvisionner de houille en Angleterre ? Le gouvernement anglais interdit le ravitaillement en houille de la flotte française (Note du comte Granville du 15 sept. 1870 au comte Bernstoff). Cette mesure était conforme à une ordonnance en conseil privé du 31 janvier 1862, limitant la permission aux navires belligérants de faire du charbon à la quantité nécessaire pour gagner un port rapproché.

On a souvent dit que cette mesure n'était qu'une application du « Foreign Enlistment Act » de 1870. Il y a peut-être là une erreur, car, si on examine ce document, on arrive à se convaincre qu'il n'a pas pour objet direct la contrebande de guerre. Il a surtout pour but de proscrire l'enrôlement et l'équipement en Angleterre, dans l'intérêt d'une puissance étrangère belligérante.

Comme l'Angleterre est essentiellement commerçante, elle n'alla pas plus loin en 1870 dans la prohibition de la fourniture du charbon ; elle autorisa les exportations de houille par navires de commerce et pour un port déterminé.

Lors de la guerre de 1884-1885 entre la France et la Chine, le gouvernement britannique proclama que le charbon rentrait dans la catégorie des choses susceptibles de servir directement à l'attaque ou à la défense en temps de guerre.

Cette décision était très défavorable à la flotte de l'amiral Courbet. En réponse, le gouvernement français déclara le riz contrebande de guerre. On blâma cette mesure, en faisant remarquer que c'était englober de simples vivres dans la contrebande. Mais il y a lieu de considérer que, dans l'espèce, le riz ne rentrait pas seulement dans l'idée de vivres ; le riz représentait le montant de l'impôt en nature que les gouverneurs de province envoyaient chaque année à Pékin, où cette denrée servait à acquitter une partie de la solde des réguliers chinois (Calvo, *Droit international*, V, §§ 2724 et suiv.).

En 1885, le délégué anglais à la conférence de Berlin, pour le règlement des affaires de l'Afrique occidentale, demanda que le charbon entrât dans la nomenclature des objets de contrebande de fait ou d'occasion. Cette proposition fut écartée par la conférence, qui ne voulut évidemment pas aborder cette question délicate (1).

Le texte des instructions anglaises dans la guerre hispano-américaine de 1898 est ainsi conçu : « Les navires de guerre des belligérants ne seront autorisés à prendre, tant qu'ils séjourneront dans les ports, rades et eaux territoriales de la juridiction de S. M., aucunes provisions, sinon celles qui seraient nécessaires à la subsistance de l'équipage, et la quantité de charbon strictement nécessaire pour les mener jusqu'au port le plus voisin de leur propre pays, ou jusqu'à quelque destination plus rapprochée. En outre, on ne donnera pas de nouveau de charbon au même navire de guerre dans le même ou tout autre port, hâvre, ou dans des eaux quelconques soumises à la juridiction territoriale de S. M., sans une permission particulière, pendant les trois mois après que du charbon lui aura été fourni pour

---

(1) Quelques chiffres, empruntés à une statistique publiée à la suite de la prise de Port-Arthur, montrent l'importance de cette question du charbon dans les guerres maritimes actuelles :

Dans une seule année les Japonais avaient capturé quarante et un navires transportant du charbon de Cardiff. Presque tous ces navires étaient anglais. Un seul était français. Les steamers capturés portaient du charbon pour une valeur de 3.000.000 de yen, soit 7.650.000 francs. La cour des prises de Sasebo ayait relâché huit navires.

la dernière fois, ainsi qu'il en a été dit plus haut, dans les eaux anglaises. » (Nous empruntons cette traduction à l'excellente revue de M. Clunet, année 1898).

Voici donc, en ce qui concerne le charbon, des instructions très nettes, très précises au point de vue anglais. En regard, dans la législation maritime internationale, au point de vue français, la situation est la suivante :

Le premier document officiel français, qui parle de charbon, est une note du *Moniteur* du 29 mai 1859, au début de la guerre d'Italie : « Jusqu'à présent, le gouvernement de l'Empereur n'a jamais considéré le charbon de terre comme contrebande de guerre, et nous sommes en mesure d'annoncer qu'il se conformera, durant la guerre actuelle, à cette manière de voir. »

M. Selosse, qui a publié, en 1898, dans la *Revue de Droit international privé*, p. 464, une étude des plus approfondies sur la question, s'exprime ainsi : « Chez nous, aucune prohibition n'atteint jusqu'à présent le commerce du charbon » (1).

Au fond, la question est des plus délicates. M. Ortolan, après s'être prononcé pour la thèse de la prohibition, dans la première édition de la *Diplomatie de la mer*, dans la seconde édition (tome II, p. 207), a enseigné la théorie contraire : « Songer, n'importe dans quel temps ni quelles circonstances, à considérer la houille comme un des objets susceptibles de devenir contrebande de guerre, ce serait vouloir interdire aux neutres le commerce d'une matière indispensable à la navigation marchande à vapeur ; ce serait risquer d'interrompre subitement la régularité des communications internationales, et vouloir priver les peuples des avantages de ces communications régulières, qui pour eux sont devenues des nécessités. D'ailleurs, la houille ne peut jamais prendre par la fabrication une forme qui fasse préjuger qu'elle est pour l'usage exclusif de la marine militaire ; il est donc impossible qu'un belligérant qui rencontre un navire neutre, dont la cargaison est destinée pour un port du belligérant adverse, soit à même de reconnaître si la houille doit servir aux navires de guerre neutres qui fréquentent le port, ou enfin, aux usages industriels pacifiques, comme par exemple au chauffage domestique ou à la production du gaz pour l'éclairage dans les villes des rues et des établissements publics et privés Nous nous rangeons donc complètement à l'avis de ceux qui considèrent la houille, cette marchandise de première nécessité, comme une denrée dont le commerce doit toujours rester libre. »

---

(1) Consulter dans le sens de M. Selosse : Piédelièvre, *Précis de Droit int. public*, t. II, p. 517. — Despagnet, *Droit int. public*, p. 691. — Bry, *Droit int. public*, p. 463.

M. Desjardins, à l'exemple d'Ortolan, s'est montré tout d'abord prohibitionniste, dans son *cours de Droit maritime* (t. I, p. 55) ; il a fini par se montrer favorable à la cause de la liberté du transport de la houille (*Revue des Deux-Mondes*, 1er juin 1898).

En réalité, dans cette difficile question, les faits finissent par dominer la théorie : on comprend les hésitations à l'époque où le charbon était un accessoire à bord des vaisseaux, mais aujourd'hui, sur la plupart des batiments de guerre, il n'y a plus ni mâts, ni voiles ; la machine est devenue l'âme même du vaisseau ; le ravitaillement en charbon par des tiers est donc une opération des plus importantes au regard des belligérants. Tout fait présumer que la France se trouvera amenée, par l'impérieuse logique des évènements, à adopter officiellement, en matière de charbon, la théorie anglaise (1).

Voyons maintenant quelles sont les règles suivies pour le commerce des marchandises autres que le charbon. Elles sont clairement consignées dans la proclamation de la reine Victoria, du 9 août 1870, sur l'observation de la neutralité dans la guerre franco-allemande :

« Et par les présentes nous avertissons nos aimés sujets et toute personne pouvant se prévaloir de notre protection, que si quelqu'un d'entr'eux, au mépris de cette proclamation royale et à notre grand mécontentement, se permettait quelque acte dérogatoire à leur devoir de sujets de souverain neutre dans une guerre entre d'autres souverains, ou en violation du droit des gens, spécialement en forçant ou tentant de forcer un blocus légalement et actuellement établi par l'un des souverains, ou en transportant des officiers, soldats, messages, armes, munitions, matériel ou provisions de guerre, ou quelques articles considérés comme contrebande de guerre selon le droit des gens ou la coutume reçue, pour l'usage et le profit de l'un de ces souverains, toute personne commettant cette infraction, ensemble ses navires et ses biens, seront légitimement exposés à être l'objet d'une prise maritime, et aux pénalités admises en telle occurrence par le droit des gens. Et par les présentes, nous avisons tous nos aimés sujets qui se rendront coupables des infractions ci-dessus prévues, qu'ils le feront à leurs risques et périls ; qu'ils n'obtiendront en rien notre protection contre la capture ou les pénalités encourues ; mais qu'au contraire ils encourront par cette conduite blâmable notre vif mécontentement. »

Ce sont là des recommandations fort sages, mais platoniques, car, en réalité, dans la pratique, le pouvoir exécutif ne s'occupe pas des fournitures autres que le charbon faites aux belligérants.

---

(1) Il est certain qu'il serait logique de confier à un tribunal international le jugement des saisies de charbon en temps de guerre maritime : cette juridiction présenterait les garanties les plus sérieuses (En ce sens: rapport de M. Marais à la conférence de droit international de Christiania, 6 sept. 1905).

L'Angleterre défend d'une manière absolue aux navires de guerre des belligérants d'entrer avec des prises dans des eaux britanniques (Lettre de Lord Derby aux Lords de l'Amirauté, du 30 avril 1877). La France est plus large : elle permet aux belligérants de séjourner avec des prises, dans ses ports ou rades, pendant vingt-quatre heures (Notes officielles des 6 mai 1877, 27 avril 1898).

Quant au séjour des belligérants sans prises, l'Angleterre qui, avant 1870, semblait admettre un séjour très prolongé (Affaire de l'*Alabama*), n'autorise plus ce séjour que durant vingt-quatre heures.

C'est la célèbre règle des vingt-quatre heures, adoptée également par la Russie, la Chine et le Japon.

On sait que la France n'a pas adopté cette règle. Elle se borne à inviter les navires belligérants à quitter ses eaux territoriales dans un délai raisonnablement court, et à désarmer les navires qui ne défèrent pas à cette invitation. C'est ainsi qu'elle a désarmé à Saigon les navires russes échappés de la bataille navale du 10 août 1904.

XV

La France et l'Angleterre ont un principe commun pour la mer territoriale : elle s'étend jusqu'à trois millns à partir de la ligne de basse mer (Conventions enire la France et l'Angleterre du 2 août 1839, art. 9 et 10, et 11 nov. 1867).

Pour les pêcheries anglo-françaises dans la Manche, il importe — se référer à la convention du 2 août 1839 et au règlement du 24 mai 1843. Ce règlement détermine le quantum des peines qui pourront être prononcées, dans chacun des deux pays, pour les infractions commises par les pêcheurs, à l'occasion de l'établissement des filets, des dimensions des mailles, de la distance des bateaux entre eux des feux à arborer, etc.

Les commandants des croiseurs des deux puissances respectives sont investis de larges pouvoirs de tutelle et de conciliation. Dans les cas graves, ils doivent arrêter les bateaux et les conduire au port le plus voisin : les procès-verbaux des commandants des croiseurs sont remis en France aux commissaires de la marine (aujourd'hui aux administrateurs de l'inscription maritime), et en Angleterre, aux directeurs des douanes.

XVI

Examinons maintenant quelles sont les principales règles admises en Angleterre pour le jugement des prises maritimes.

Nous avons démontré dans un travail antérieur, relatif au droit anglais, l'importance de la loi du domicile (Voir *France judiciaire*, 1904, I, 202). Cette loi se retrouve encore dans la matière des prises.

En effet, le caractère neutre ou hostile des marchandises, au point de vue anglais, est fixé par le caractère du propriétaire. Et on laisse de côté la nationalité de ce propriétaire, pour ne s'occuper que de son domicile.

Ainsi, si, par hypothèse, une guerre éclatait entre l'Angleterre et l'Allemagne, un Allemand, dûment établi et domicilié aux États-Unis, pays neutre, pourrait faire circuler des marchandises sur les mers, sans qu'elles fussent considérées comme marchandises ennemies (Travers-Twiss, *Droit des gens*, t. II, § 152).

La détermination du domicile dépend d'une résidence prolongée et volontaire ; le temps est le grand élément constitutif du domicile ; dans toutes les législations, du reste, le domicile est surtout une question de fait (Calvo, *Droit international*, t. II, § 900).

Voici deux autres règles importantes : en cas de confiscation d'un navire, les droits des tiers ne sont pas réservés. Ainsi, l'amirauté a prononcé la confiscation totale d'un navire qui pour un quart appartenait à un neutre, devenu propriétaire de bonne foi antérieurement à la déclaration de guerre (Décision du 15 août 1854, « *L'Industrie et le John* », Pistoye et Duverdy, *Prises maritimes*, t. I. p. 336 et 337).

La propriété, pourvue d'un caractère hostile au commencement du voyage, ne peut dépouiller ce caractère en cours de route, par suite du transfert de la prohibition du transfert « *in transitu* » et la crainte des fraudes qui restreindraient l'exercice du droit de prise.

Dans le cas de rescousse, c'est-à-dire de reprise sur l'ennemi d'un bâtiment anglais déjà capturé, le bâtiment est remis à son légitime propriétaire, sous déduction du huitième au profit du capteur. Toutefois, si la rescousse a été opérée dans des circonstances particulièrement difficiles, la cour d'amirauté peut arbitrer une somme plus forte, sans qu'elle puisse toutefois excéder le quart de la valeur du navire.

XVII

Nous n'avons pas la prétention d'avoir fait un exposé complet des principes [anglais sur le droit maritime international, mais nous espérons en avoir marqué nettement les grandes lignes générales.

Combien il reste à faire pour arriver à unifier les règles du droit maritime international ! Tout fait pressentir que la conférence de la Haye ne reculera pas un jour devant cette tâche, qui s'impose absolument, comme l'a démontré la guerre russo-japonaise.

M. de la Peyre, dans la revue *Le Correspondant*, d'avril 1905, a spécifié avec une grande précision les points principaux sur lesquels aurait à discuter le prochain congrès : étendue des eaux territoriales (tout le monde convient que cette étendue est trop étroitement limitée) ; — emploi des mines sous-marines en haute mer ; — bombardement d'un port non défendu ; — conditions d'un blocus effectif ; — réglementation de la télégraphie sans fil ; — définition de la marchandise ennemie ; — notifications nécessaires pour valider la capture d'un forceur de blocus ; — procédure d'une cour des prises.

La Rochelle, Imprimerie Nouvelle Noël Texier.